LE GUIDE

DU

CLERC DE NOTAIRE

DEPUIS

LE PREMIER JOUR DE SON STAGE
JUSQU'A SA NOMINATION

PAR

M. L. GANTHIER

DIRECTEUR DE L'ÉCOLE DE NOTARIAT DE PARIS

2e ÉDITION

PRIX : 1 FR. (Envoi *franco* par la poste)

PARIS

CHEZ L'AUTEUR, 10, RUE MONSIEUR-LE-PRINCE

1878

FORMULAIRE COMMENTÉ

DES

LIQUIDATIONS

ET PARTAGES JUDICIAIRES

CONTENANT

1° Un Traité théorique et pratique sur les Liquidations et Partages judiciaires.

2° Vingt-deux Formules de Liquidations et Partages judiciaires.

PAR

M. L. GANTHIER

ANCIEN NOTAIRE

DIRECTEUR DE L'ÉCOLE DE NOTARIAT DE PARIS

PRIX : 5 FRANCS

PARIS

10, RUE MONSIEUR-LE-PRINCE

LE GUIDE

DU

CLERC DE NOTAIRE

ORLÉANS. — IMPRIMERIE DE A. CHÉRIÉ.

LE GUIDE

DU

CLERC DE NOTAIRE

DEPUIS

LE PREMIER JOUR DE SON STAGE

JUSQU'A SA NOMINATION

PAR

M. L. GANTHIER

DIRECTEUR DE L'ÉCOLE DE NOTARIAT DE PARIS

2e ÉDITION

PRIX : 1 FR. (Envoi *franco* par la poste)

PARIS

CHEZ L'AUTEUR, 10, RUE MONSIEUR-LE-PRINCE

—

1878

LE GUIDE

DU

CLERC DE NOTAIRE

CHAPITRE PREMIER.

Du Stage.

La durée du stage est réglée par les articles 36, 37, 38, 39, 40 et 41 de la loi du 25 ventôse an XI.

Le stage ne doit point être interrompu du premier au dernier jour ; mais une fois qu'il est complet, il peut, sans inconvénient, s'écouler un temps plus ou moins long entre son achèvement et la présentation à l'examen de notaire.

Le temps passé à l'armée, aux écoles de droit et de notariat, une maladie grave et dûment justifiée, et un laps de moins de trois mois ne sont pas considérés comme des interruptions.

La réduction énorme qui résulte de l'article 41 doit être regardée comme une exception et réduite au cas spécialement prévu ; aussi faut-il que les trois années passées en première ou deuxième classe soient entières, la Chancellerie n'admettant jamais qu'on puisse les compléter avec un temps même double passé en troisième classe. Ainsi le jeune homme qui justifierait de trente mois de stage en première ou deuxième classe, et d'un an ou deux en troisième classe, même comme premier clerc, ne serait pas jugé admissible.

1.

Le stage se constate par le certificat du notaire, et en cas de décès par un certificat de la Chambre. Nous ne saurions trop engager les clercs à se nantir de ce certificat toutes les fois qu'ils laissent une étude, et même à le faire légaliser, pour éviter tous les ennuis que pourrait leur causer plus tard un décès ou tout autre événement inattendu.

L'inscription du stage est exigée par les articles 32 et suivants de l'ordonnance du 4 janvier 1843. Tout clerc doit se faire inscrire dans les trois mois de son entrée dans une étude, au secrétariat de la Chambre des notaires de l'arrondissement. Cette inscription n'est cependant pas exigée à peine de nullité du stage, et la Chancellerie, dans ce cas, ne fait que se montrer beaucoup plus exigeante pour les preuves de ce stage irrégulier ; il lui faut, en plus du certificat du notaire, un certificat du maire, et souvent même de la Chambre.

Pour se faire inscrire, il faut produire : 1° Un certificat du notaire chez lequel on travaille ; 2° et l'extrait de naissance, ou l'extrait d'une inscription prise dans un autre arrondissement. Dans le cas où l'on veut prendre une nouvelle inscription chez un autre notaire du même arrondissement, un certificat de ce notaire suffit. Les pièces ainsi exigées restent déposées à la Chambre et ne sont jamais rendues.

Dans plusieurs arrondissements on fait émarger la sortie de l'étude à côté de l'inscription. Cet émargement n'est point exigé, et la Chancellerie, que nous sachions, ne s'en occupe pas : il se fait sur la présentation du certificat du notaire. Ce certificat ne devrait point rester déposé à la Chambre, et cependant c'est ce qui se fait à Paris et en Normandie.

Si la plupart des aspirants au notariat ont toujours avec eux les certificats de stage des différents notaires chez lesquels ils ont travaillé, il en est bien peu qui lèvent leurs certificats d'inscription avant la fin de leur stage.

CHAPITRE II.

De l'Instruction.

Voici le chapitre le plus intéressant et le plus délicat de ce travail.

L'insruction du clerc de notaire se compose de deux parties distinctes : le côté pratique du notariat, que les uns appellent l'art et auquel d'autres donnent malicieusement un autre nom que je me dispenserai de vous citer ; et le côté théorique, qui en est la science.

Il faut cultiver également ces deux branches de l'instruction notariale, qui l'une et l'autre sont indispensables pour faire un bon notaire. Un notaire, sans la connaissance de la science du droit, est un praticien précieux comme clerc qui exécute les plans qui lui sont donnés et qui écrit les contrats pour lesquels on lui a placé des jalons ; mais qui devient dangereux dès qu'il a seul la direction d'une affaire ; car il ne comprend pas une partie des phrases qu'il emploie par habitude, et il ne peut prévoir les suites des conventions qu'il transcrit machinalement. L'homme qui n'a étudié que la théorie est moins dangereux, parce qu'il prévoit mieux les conséquences de chaque stipulation ; mais il est bien plus embarrassé quand il faut mettre en pratique ses connaissances théoriques. Nous savons tous qu'un avocat, quelle que soit sa capacité, n'a jamais pu rédiger convenablement un simple projet d'acte.

De même que ce n'est qu'en forgeant qu'on devient forgeron ; ainsi ce n'est qu'en écrivant des contrats qu'on apprend à rédiger les conventions ; ainsi ce n'est que dans l'étude d'un notaire qu'on apprend le véritable moyen de diriger une affaire.

Je ne veux cependant pas vous dire qu'un cours de notariat soit inutile, loin de là est ma pensée. Un professeur, au contraire, qui vous explique une à une les

clauses d'un acte, qui vous fait toucher du doigt la
portée et les conséquences juridiques de chaque
phrase contractuelle, est un aide puissant qui vous
permet de saisir beaucoup plus vite la relation intime
qui rattache la pratique à la théorie, et d'apprendre
dans une année ce que vous n'apprendriez pas souvent en six. Seulement, quand vous aurez suivi un
cours spécial appliqué au notariat, vous aurez encore
besoin de passer par le critérium d'une étude, afin de
mieux graver dans votre mémoire ce que vous a en-
seigné le professeur.

Mais j'allais oublier que j'écrivais principalement
pour les clercs de notaire qui sont dans l'obligation de
se former presque seuls.

Le stage est la véritable école de la pratique, et le
clerc qui veut faire des progrès plus rapides doit éviter
de débuter dans une étude importante. On doit chercher à se trouver toujours en contact avec le client
afin d'entendre ses explications, et afin de comprendre peu à peu pourquoi on fait tel contrat, pourquoi on
y insère telle clause.

Commencer son notariat dans une petite étude où
l'on est seul, ou presque seul avec le principal clerc,
est donc le meilleur moyen d'apprendre vite, parce
qu'on voit toutes les affaires se dérouler, s'expliquer
devant soi ; et parce que quand les clients sont sortis,
on peut se permettre de poser quelques questions au
notaire ou au premier clerc. J'ai connu même des notaires, et je leur en fait mes compliments, qui, après
le départ du client, se donnaient la peine d'expliquer à
leur clerc pourquoi il convenait, dans cette circonstance, de faire tel acte plutôt que tel autre. C'est que,
vous le comprendrez facilement, quand on est seul ou
presque seul avec un notaire, quand on est continuel-
lement son compagnon de travail, on devient bien vite
son ami, son familier interlocuteur.

Après une première année passée ainsi, ce que l'on
doit rechercher absolument c'est à être premier clerc,

quand ce serait dans la plus petite étude de France ; puis, quand on en a la force, passer dans une étude plus importante ; mais toujours comme premier. Cette position de premier vous force à travailler davantage pour être à la hauteur de votre grade ; elle vous pousse à prendre vous-même la direction de quelques affaires, elle vous met de temps à autre en contact direct et immédiat avec le client, et vous donne une certaine habitude, une certaine familiarité des hommes, qui vous sera toujours utile.

La science du notariat peut s'apprendre dans toutes les études ; mais habituellement ce n'est pas là qu'on vous laissera étudier, on vous dira qu'il y a autre chose à faire, quand ce ne serait que des expéditions à griffonner

C'est dans sa chambre le plus souvent qu'un clerc apprendra sa théorie ; mais il faut avoir le courage de se séparer le soir de ses amis et de se clôturer tout seul comme un ermite. Pour apprendre ainsi seul sa théorie, pour, à vingt ans, fuir le plaisir et la société de ses semblables, il faut en effet de l'énergie, du courage et la ferme résolution de faire son chemin. A ces jeunes enfants qui savent ainsi passer quelques heures chaque soir dans leur chambre, en vis-à-vis avec un Code (et il faut en convenir, ils sont nombreux), je serre cordialement la main. Ils seront les vrais notaires de l'avenir.

A ceux-là j'offre le plan d'étude que je crois le plus sérieux ; le voici :

Etudier tout d'abord, articles et commentaires, la loi du 25 ventôse an XI, puis parcourir les différentes autres lois organiques du notariat.

Lire ensuite le Code civil, sans commentaire aucun, pour avoir plus tôt fini et posséder une teinte générale de ses principales dispositions. On peut, sans inconvénient, commencer par l'article premier et suivre jusqu'à la fin. On peut lire environ trente articles par jour, et aussitôt il faut chercher à trouver quelques cas d'application sur ces mêmes articles, et les relire encore le même soir, en remarquant bien les divisions générales. Après avoir ainsi parcouru tout le Code civil, il faudra suivre de la même manière les articles 545 à 1042 du Code de procédure civile, et les articles 1 à 70, et 437 à 614 du Code de commerce. En admettant quelques jours de repos, car un arc ne peut pas être toujours tendu, vous voilà pour cinq mois d'ouvrage ; mais quand vous aurez fini vous saurez que dans le Code civil on parle d'absence, de minorité, de servitudes, de successions, de donations, de contrats de mariage, d'hypothèques, etc. ; qu'on parle de procédures diverses au Code de procédure, et de faillite au Code de commerce ; et si, un jour, une question vous intrigue, vous verrez à peu près où vous pourrez en trouver la solution.

Il vous faut maintenant chercher un Code civil commenté : Lequel ?

La question est délicate et la réponse assez difficile, voici ce que j'en pense :

Tous les livres sont bons, parce que tous ceux qui ont écrit étaient capables. C'est ici une question de goût et aussi de degré de capacité.

Au jeune homme qui n'a lu que la lettre sèche du Code, il faut un commentaire court, très-court. Lui mettre Demolombe entre les mains serait une folie. Le grand et savant ouvrage de M. Demolombe ne peut convenir qu'aux personnes déjà fort capables en d oit.

Parmi les commentaires les plus courts, nous trouvons Rogron, et ensuite Mourlon et Delsol. Mourlon est le plus suivi.

En général, il a cependant un grand inconvénient, c'est de ne pas conclure dans les questions difficiles, et de plus ses hypothèques laissent beaucoup à désirer.

Dans la lecture d'un commentaire, il est préférable de commencer son Code par l'art. 1101, *Des Obliga-*

tions, suivre ensuite jusqu'à la fin, pour reprendre plus tard à l'article premier et continuer jusqu'aux obligations.

Le programme de mon cours, qui est dans toutes les mains, peut dans cette marche servir de guide d'autant meilleur, qu'on y voit les différents contrats qui se rapportent à chaque partie du Code.

Tout en étudiant avec le plus grand soin ce premier commentaire, il faut, de temps à autre, porter les yeux sur les ouvrages de pratique notariale. Ici encore, pour les débutants, les plus courts sont les meilleurs. Il convient de lire et relire plusieurs fois les instructions qui précèdent et qui suivent le contrat dont on s'occupe en le moment. Quant à la formule, il faut s'en méfier, la plupart sont longues et pâteuses et marquées d'un certain style qui remonte au siècle de Henri IV ou de François I-r.

Le notariat s'est approprié et cherche malheureusement à conserver certains mots, certaines tournures qui, depuis longtemps, ne sont plus à la mode. Ce n'est pas dans l'étude de la plupart des notaires qu'il faut aller chercher le progrès littéraire.

De tous les ouvrages courts de pratique notariale, le le *Formulaire* d'Edouard Clerc a le plus de vogue, c'est incontestablement le meilleur.

Vous passerez donc la fin de votre première année, toute votre seconde année et souvent une grande partie de votre troisième année en compagnie des auteurs que je viens de vous citer ; et alors, je suis persuadé que dans le monde du notariat vous commencerez à passer pour un homme. Ce n'est pas une raison pour vous arrêter, il faudra continuer, il vous faudra travailler et travailler encore.

Pendant les deux ou trois ans qui vous sépareront encore du titre de notaire, vous devrez lire, en droit civil, Marcadé, qui à mon avis est le meilleur de tous les commentaires du Code civil ; vous devrez aussi suivre avec soin les journaux du notariat, et raisonner longuement, tant leurs articles que les arrêts qu'ils rapportent. Il faudra, à cette époque du stage, s'intéresser à toutes les questions qui se présenteront dans l'étude, et en chercher la solution dans tous les auteurs qui peuvent composer la bibliothèque du patron. Il convient surtout de s'appliquer à bien comprendre les conséquences des clauses et même de chaque phrase que l'on emploie dans un acte ; car ce n'est plus le moment de copier machinalement.

Vous voilà donc de l'ouvrage pour tout votre stage ; et soyez bien persuadé que six années consécutives, employées assidûment à suivre le programme que je vous indique, ne sont pas trop longues pour donner à la France un notaire capable, utile à ses clients et considéré.

Il en est malheureusement beaucoup qui, au début de leur stage, renvoie l'étude à l'année suivante, puis ainsi de suite. Ceux-là ne travailleront jamais, car c'est au début d'une carrière, quand tout en nous n'est que zèle, que le travail est le plus facile ; ceux qui n'ont pas assez de courage la première année, n'en auront pas les suivantes. Mais que deviendront-ils ? A force de copier, à force d'entendre répéter les mêmes phases, s'ils ont un peu de mémoire et d'intelligence, ils finiront par savoir faire machinalement les actes les plus usuels, puis quand il se présentera un acte un peu extraordinaire, il faudra recourir au guide-âne ; et, enfin, grâce à l'indulgence de MM. les membres de la Chambre, ils finiront par faire des notaires ; mais quels notaires ! Dispensez-moi de vous dire ce qu'ils seront ; je me contente de vous les montrer au doigt, et malheureusement les petits bourgeois, les petits avocats de village en font autant.

CHAPITRE III.

Des Habitudes et des Appointements dans les différentes contrées de la France.

Le genre d'ouvrage donné aux clercs est à peu près le même dans tout le Sud à partir de la Loire, tout l'Est et tout l'Ouest ; il varie beaucoup à Paris, aux environs de Paris et aussi dans le Nord.

Dans le Sud, l'Est et l'Ouest, c'est-à-dire dans les quatre cinquièmes de la France, la première année de son stage un clerc ne fait que des expéditions. La seconde année, il fait encore beaucoup d'expéditions, mais aussi il copie quelques actes dont les modèles ont été envoyés à l'étude ou les projets rédigés par un autre clerc, et il fait encore quelques minutes sous la dictée. La troisième année, il fait moins d'expéditions, on lui donne beaucoup d'actes très-courts, qu'on appelle les actes courants. La quatrième année, il fait généralement tous les actes, en rédigeant d'abord en projets ceux qui sont plus difficiles ; il aborde les inventaires, mais on ne lui confie pas les liquidations. Dans la cinquième année, on lui donne surtout les inventaires, dans la sixième les liquidations.

Aux environs de Paris, il est beaucoup d'études où les clercs ne font jamais d'expéditions : on a des commis spéciaux qu'on appelle expéditionnaires. Dans ces études-là, et pendant les deux, même les trois premières années, les clercs ne font que des extraits analytiques ou littéraux, des procurations ou d'autres actes sur modèle. Les troisième et quatrième années, ils copient souvent les projets d'actes faits par les clercs plus avancés, ou ils écrivent sous la dictée, ce qui est très-fréquent, surtout pour les inventaires. Ils font aussi, à cette époque-là, une assez grande quantité d'actes de notoriété et de certificats de propriété. La cinquième année est celle des actes courants ordinaires, et pour peu qu'il y ait une difficulté on leur fait faire, au préalable, un projet ; l'année suivante ils font tous les actes en général et les inventaires. Les actes difficiles et les liquidations sont pour les années subséquentes.

A cette marche générale que j'indique, on voit beaucoup d'exceptions. D'abord dans les études où il n'y a qu'un clerc et où le patron travaille, ce clerc ne fait presque jamais de minutes, quelle que soit sa force. Ensuite il est des jeunes gens intelligents et laborieux qui font, en trois ans, ce que d'autres font en six ; il en est d'autres aussi qui, par paresse ou toute autre cause, mettent dix ans à parcourir le même chemin.

Parlons des appointements ; ils ne sont pas lourds en général, les notaires sont hommes à ne pas gâter les prix ; puis les clercs étant, de par la loi, forcés de faire un stage assez long, ne sont-ils pas très-heureux qu'on veuille bien leur donner une inscription. J'ai connu bien des clercs qui criaient, et pour un peu plus se seraient presque gendarmés contre cet état de choses ; puis je les ai connus notaires, ils faisaient comme les autres, ils payaient fort mal leurs clercs, et ils trouvaient bon plus tard ce qu'ils avaient blâmé auparavant. Pauvres Français, comme la question d'intérêt personnel fait changer chez nous la manière de voir !

Dans le Midi, l'Est et l'Ouest, les clercs sont réellement mal payés. Pendant les trois premières années les appointemente sont nuls ou à peu près. Dans les quatrième et cinquième années, ces appointements varient de 20 à 80 francs par mois. Il n'y est jamais question du déjeuner d'étude, c'est une institution heureusement inconnue. Pendant la sixième année, même la septième et la huitième, car tout le monde n'est pas notaire après six ans de stage, l'aspirant au notariat, qui remplit réellement les fonctions de premier clerc, reçoit en général 100 francs par mois. Il faut être dans une bien grande ville ou chez un patron généreux, pour obtenir 125 ou 150 francs ; ces appointements-là sont réellement exceptionnels. La durée du travail est habituellement de sept heures au moins par jour ; de huit à dix heures du matin et de midi à cinq heures du soir.

Dans les environs de Paris, c'est-à-dire à 150 kilomètres à la ronde, et dans le Nord, la cléricature est mieux rétribuée. D'abord tout jeune homme qui travaille dans une étude a droit, dès le premier jour, au fameux déjeuner, et ce succulent repas consiste en du pain blanc à discrétion et un verre de vin. Les jeunes gens qui ne trouvent pas ce repas assez appétissant, chargent le commissionnaire de l'étude, appelé *saute-ruisseau*, d'aller leur chercher, qui du fromage, qui une côtelette, etc.

Pendnat les deux premières années les appointements sont à peu près insignifiants. La troisième année ils varient de 50 à 60 francs par mois, la quatrième de 80 à 100 francs, la cinquième de 100 à 150 francs, et la sixième de 150 à 200 francs. — Ces appointements de 200 francs ne sont d'ailleurs donnés qu'à des jeunes gens laborieux, intelligents et capables. Dans quelques études importantes , les personnes qui ont renoncé au notariat et se font une carrière de la cléricature, obtiennent jusqu'à 300 francs.

En cette contrée de la France le stage est beaucoup plus pénible que dans le Midi ; car les clercs, qui rentrent à huit heures du matin, ne sortent pas pour le déjeuner qui se fait habituellement dans un petit cabinet attenant à l'étude, et n'ont leur liberté qu'à cinq heures du soir, pour rentrer de nouveau à sept heures et ne sortir définitivement qu'à neuf heures ; c'est ce qu'on appelle la veillée. Dans les études qui possèdent plusieurs clercs, le personnel s'entend pour qu'une moitié, chaque soir, ne sorte qu'à six heures, et ne rentre plus ensuite.

Vous tous, jeunes gens du Midi, qui aviez une certaine convoitise pour les gros traitements de vos con-

frères du Nord, voyez ce qu'ils leur coûtent de griffon-
nage et de séquestration.

Je me hâte cependant de vous dire que dans la ma-
jeure partie des études du Nord et des environs de
Paris, ces veillées assommantes ne durent que
l'hiver.

CHAPITRE IV.

Du Stage à Paris.

Le stage de la capitale est, à mon avis, le plus pénible, le moins instructif et en même temps le moins
rétribué, excepté toutefois en ce qui concerne le principal clerc.

En province, premier clerc et principal clerc sont
des expressions synonymes ; il n'en est pas ainsi à
Paris où le premier clerc est celui qui, à la première
inscription, tandis que le principal clerc qui, en fait,
est le premier, est un clerc hors rang qui a renoncé à
traiter, et possède la haute direction de l'étude.

Le stage, à Paris, est le plus pénible, parce qu'on y
veille été comme hiver, excepté dans cinq ou six
études privilégiées. On y est très-strict pour les heures
de travail ; il faut rentrer à l'étude à huit heures et
demie du matin, pour prendre tous part au bon déjeuner d'étude. Pour la sortie, le soir, le personnel se
divise le plus souvent en deux parts égales, dont
l'une sort à six heures pour retourner de sept à neuf
heures, et l'autre ne sort qu'à sept heures pour ne
plus revenir.

Il existe encore à Paris, à raison de un à trois par
étude, des clercs appelés clercs-amateurs, parce
qu'ils ne sont pas astreints au même temps de travail
que les autres.

Ils ne viennent travailler habituellement que de cinq
à six heures par jour, ils n'en ont pas moins une ins-

cription comme clercs de notaire. Le genre de travail des clercs-amateurs est ennuyeux, fatigant, nullement instructif et même abrutissant ; ils ne font en général que des courses, des procurations sur modèle, des cotes d'inventaires, des certificats de propriété, ou ils copient des origines de propriété. Je crois qu'en vingt ans un clerc-amateur peut apprendre quelque chose.

Le stage parisien est le moins instructif; la meilleure preuve à en donner, c'est de dire que les neuf dixièmes des principaux, des premiers et des deuxièmes clercs de Paris sortent de la province où ils se sont d'abord formés, où ils ont appris presque tout ce qu'ils savent.

Pendant les deux premières années, les clercs de la capitale font, avec les clercs-amateurs, les procurations sur modèle, les cotes d'inventaires, etc. Pendant les troisième et quatrième années, ils copient le plus souvent des projets d'actes faits par les quatrième et troisième clercs. Les cinquième et sixième années, ils font les actes courants et quelques origines de propriété écrites d'abord sur projet, et ils collationnent avec le quatrième ou le troisième clerc. Après six ans de stage ils atteignent au grade de cinquième ou de quatrième, et ils font les inventaires ; et quand un clerc est aux inventaires, c'est habituellement pour un an ou deux. Ensuite ils peuvent arriver, comme troisième clerc, à faire tous les actes en général, moins la catégorie des contrats difficiles, qui est réservée au deuxième ou au premier clerc. Le principal a généralement assez à diriger l'étude, à traiter et préparer les affaires, et à aider le patron à recevoir les clients.

Un des grands inconvénients du stage parisien est de ne jamais voir les parties, de ne jamais entendre leurs explications, et de ne pas pouvoir, par suite, comprendre pourquoi on fait tel contrat, pourquoi on y insère telle clause. Le principal clerc, ou en son absence le premier, reçoit le client, s'entend avec lui,

dresse une note qu'il vous apporte, en vous disant :
« Vous ferez tel acte. »

L'étude de Paris est un petit ministère où l'on compte
de six à quatorze clercs, suivant l'importance ; et encore ce dernier chiffre s'augmente-t-il souvent d'un
principal, d'un caissier, de deux ou trois liquidateurs
et de trois ou quatre expéditionnaires. Quant à la dis-
tribution du local, on y trouve le cabinet du patron, le
cabinet du principal et quelquefois le cabinet du premier ou du caissier, puis une vaste salle, ou même
deux ou trois salons.

J'ai dit que les clercs étaient mal payés à Paris, et
voici pourquoi :

Dans les petites études personne n'est payé au-
dessous du grade de quatrième clerc qui, lui, touche
de 20 à 30 francs par mois, le troisième clerc a de 30 à
50 francs, le deuxième de 80 à 100 francs, le premier
de 150 à 200 francs, et le principal de 250 à 300 francs.

Dans les grandes études le cinquième est le premier
payé, il touche de 25 à 50 francs, le quatrième environ
100 francs, le troisième 150 francs, le deuxième 200 fr.
le premier 250 ou 300 francs, et le principal peut se
faire de 5,000 à 10,000 francs par an.

Le notariat de Paris n'est pas plus savant que le
notariat de province ; mais il a un genre à lui qu'il faut
connaître, que par conséquent il faut étudier pour
arriver aux premiers grades. Il faut, à Paris, avoir une
certaine connaissance des valeurs de bourse ; il faut
connaître entièrement les sociétés et une partie des
affaires de commerce ; il faut surtout agir avec une
très-grande prudence, et cela se comprend, dans une
ville où personne ne se connaît. La confiance villageoise
serait ici un grand danger. — Pour toutes ces raisons,
un notaire de Paris ne donnera jamais de prime-abord
un grade élevé à un clerc arrivant de province, quelle
que soit d'ailleurs sa capacité. — Le grade le plus
élevé auquel on puisse prétendre en arrrivant à Paris

est celui de quatrième clerc, pour monter ensuite suivant la capacité, et souvent suivant le hasard, qui crée des vacances dans l'étude.

CHAPITRE V.

De l'Examen de premier Clerc.

Cet examen n'est point exigé par la loi, qui n'en parle nulle part. Mais quelques chambres touchées de l'incapacité de certains sujets qui se présentent pour être notaires, et que l'on n'ose refuser crainte de leur faire perdre leur position, ont cru bien faire en instituant l'examen de premier clerc, et en déclarant que dans leur arrondissement nul ne serait admis à occuper ce grade s'il n'avait, au préalable, subi victorieusement un examen.

Pour mon compte, j'applaudis à cette résolution, et je ne regrette que deux choses : la première, que ce ne soit pas là une décision qui s'applique à toute la France ; la seconde, que l'on exige pas quatre examens au lieu d'un. Si j'étais le maître, je voudrais que personne ne pût obtenir l'inscription de quatrième clerc sans avoir, au préalable, passé un examen sur les lois organiques du notariat et sur quelques principes de l'enregistrement ; que nul ne pût passer troisième, deuxième et premier clerc sans avoir subi un nouvel examen. Avec ce système, la France aurait des notaires capables, et l'on n'entendrait plus quelques papas dire, en parlant d'uu fils paresseux ou ignard : « Ah bah ! nous en ferons un notaire. »

Chers lecteurs, vous me trouverez un peu sévère, et quelques-uns me maudiront peut-être ; mais je suis ainsi fait, je suis franc, j'appelle un chat un chat, et je ne peux comprendre un notaire sans capacité. Il est de ces positions dans la vie où la médiocrité est un crime.

L'examen de principal clerc est généralement sérieux, plus sérieux que l'examen de notaire, parce qu'on ne craint pas de compromettre l'avenir du candidat.

Quand un jeune homme vient d'un autre arrondissement, on ne peut pas lui demander la justification de cet examen, parce que la loi ne l'exigeant pas, il n'est pas permis d'en faire une condition *sine quâ non* de son admission.

A Paris, cet examen n'existe pas.

CHAPITRE VI.

Des Règles générales pour reconnaître le revenu d'une étude.

Il m'est impossible de vous poser des règles bien précises, et je me vois obligé de ne vous parler qu'en termes généraux.

Les livres du notaire (quand il en a, car tous n'en ont pas) sont la meilleure preuve ; il suffit de vérifier quelques colonnes d'additions, pour savoir si elles sont justes ; puis, il faut prendre au hasard un acte de chaque catégorie et s'assurer que les honoraires perçus sont conformes au tarif.

L'enregistrement pour plusieurs est une base à peu près certaine ; cependant cette base varie suivant les contrées et même suivant quelques études. Dans les campagnes du Centre et du Midi, l'enregistrement s'élève souvent au double des honoraires ; tandis qu'aux environs de Paris et dans le Nord, l'enregistrement et les honoraires se balancent. Cette différence provient d'abord de ce qu'il se fait beaucoup plus d'inventaires dans le Nord que dans le Midi ; qu'il s'y fait également plus de liquidations, parce que les fortunes mobilières y sont relativement plus importantes. Cette différence provient encore de ce que les tarifs du Nord sont plus

élevés que ceux du Midi. Dans cette dernière contrée
pour une vente volontaire d'immeubles aux enchères,
un notaire ne demandera que très-rarement plus d'un
pour cent ; ce n'est qu'exceptionnellement qu'il osera
fixer à l'avance les frais généraux à dix pour cent.
C'est autre chose dans le Nord ; on y voit des notaires
annoncer publiquement que les frais généraux s'élè-
veront à treize, quatorze et même quinze pour cent. La
chose vous paraîtra moins étonnante quand je vous
dirai, par exemple, que le tarif des notaires de l'arrondissement de Coulommiers (Seine-et-Marne) alloue
cinq pour cent d'honoraires pour les ventes volontaires
d'immeubles aux enchères.

Dans les villes l'enregistrement est en général plus
faible et les honoraires sont très-souvent plus forts
qu'à la campagne, parce que dans les villes, les inventaires, les actes de société, les actes d'ouverture de
crédit, les liquidations, les actes de notoriété, les
transports sont plus fréquents.

Quelques candidats s'en rapportent un peu au nombre d'actes, surtout quand l'étude a changé de mains
depuis assez peu de temps. Il est bon de savoir que
le chiffre des numéros dépend souvent du titulaire.
Ainsi les notaires qui cherchent le nombre feront, dans
un inventaire, autant de numéros qu'il y a de séances ;
ils ne réuniront jamais deux mainlevées : ils font toujours séparément les acceptations de transports. J'en
ai même connu un qui portait autant de numéros au
répertoire qu'il y avait d'adjudicataires dans une vente
aux enchères. D'autres enfin énoncent souvent dans
les ventes ou dans les obligations que les fonds sont
restés déposés entre leurs mains pour être remis à
qui de droit après les formalités hypothécaires ; et ils
arrivent ainsi à faire une décharge, ce qui donne un
numéro de plus.

Il est bon de bien connaître tous ces petits procédés
pour ne pas se laisser induire en erreur.

Si vous voulez des bases générales, je vous dirai :

2.

Dans les villes environnant Paris et dans celles du
Nord, les honoraires dépassent l'enregistrement d'environ un cinquième ; dans les autres villes de France
et dans les campagnes du Nord et des environs de
Paris, ces deux chiffres sont à peu près égaux ; dans
les campagnes de l'Est et dans tout le Centre, l'enregistrement dépasse les honoraires d'un cinquième ou
d'un quart ; dans le reste de la France, l'enregistre-
gistrement est souvent supérieur d'un quart et même
de moitié.

Le revenu des études varie aussi beaucoup du
Nord au Midi. Ainsi, les études de simple commune du
Midi rapportent de 3 à 6,000 fr., tandis que les mêmes
études dans le Nord, valent de 12 à 20,000 fr. Les études
de chef-lieu de canton du Midi, peuvent produire en
moyenne de 5 à 10,000 fr. ; dans le Nord, au contraire,
il faut parler de 18 à 30,000 fr.

Entre ces chiffres extrêmes il [y a une moyenne qui
se trouve surtout aux environs du Mans, d'Angers, de
Tours, de Troyes, de Dijon ei de Nancy.

CHAPITRE VII.

Du Traité et des Pièces à produire.

DU TRAITÉ.

Le traité ne doit contenir aucune clause qui puisse
laisser planer un doute sur le prix ou qui soumette ce
prix à un aléa quelconque ; ainsi la vente d'une étude
moyennant une rente viagère est prohibée.

Toute contre-lettre donnée pour déguiser une partie
de ce prix est entièrement nulle, le créancier ne saù-
rait en poursuivre le paiement, et, si ce paiement a été

fait, le cessionnaire peut en demander le remboursement, bien entendu s'il en a la preuve. Il a même le
droit de réclamer les intérêts depuis le jour de ce paiement.

La cession ne peut comprendre que l'office, et
comme conséquence, l'obligation par le cédant de re-
mettre aussitôt nomination, les minutes, répertoires et
tables. On ne doit pas énoncer que l'on cède la clientèle, parce que, en droit civil ordinaire, une clientèle
n'est pas dans le commerce, n'est pas susceptible
d'une possession privée ; mais on peut très-bien mettre
que le cédant renonce à exercer non seulement la pro-
fession de notaire, mais même celle d'agent d'affaires
dans un rayon de.....

Avant 1842, le titulaire devait forcément céder ses
recouvrements, mais aujourd'hui c'est le contraire que
veut la Chancellerie ; tout traité qui comprendrait les
recouvrements serait refusé.

On peut sans inconvénient comprendre le mobilier
d'étude ; mais il faut avoir soin de porter un prix spécial pour ce mobilier. — Le premier paiement fait par
le cessionnaire ne doit pas avoir lieu avant la prestation de serment, les autres échéances peuvent être
plus ou moins éloignées. Il est permis de soumettre
ces échéances à certaines chances aléatoires ; ainsi on
peut stipuler qu'en cas de nouvelle cession l'acquéreur
sera déchu du bénéfice du terme ; ainsi encore on peut
dire que dans le cas de mariage l'acquéreur devra an-
ticiper tel ou tel terme ; cependant cette dernière
clause est souvent rejetée par la Chancellerie quand
elle est relevée par le parquet.

Quelle est la base sur laquelle on peut traiter, quel
est le rapport qui doit exister entre le produit et le
prix pour qu'on n'ait pas à craindre de réduction ?
Voilà une question que vous allez tous me poser, et à
laquelle je suis bien embarrassé pour répondre. La
Chancellerie a une base *minimum*, c'est 12 p. 100 ; elle
refuserait donc impitoyalement un traité d'après le-

quel le produit n'irait pas à 12 p. 100 du prix ; hors de là il n'y a plus de règle, plus de limite, c'est l'arbitraire. Le procureur de la République qui est ici le premier, et à mon avis le principal juge, doit, quand il propose une réduction, bien prendre auparavant en considération, la residence, les variations que pourra subir la clientèle, etc., etc. — Dans le Nord, la base moyenne des traités est de 13 à 15 p. 100 ; dans le Centre, elle monte de 15 à 18 ; et dans le Midi comme dans l'Ouest, elle est de 16 à 20 p. 100.

Ce contrat doit être enregistré avant l'examen, il se passe dans la forme sous-seings privés ou le plus souvent dans la forme authentique. S'il est sous-seings privés, il faut en faire au moins trois originaux ; il est même prudent d'en faire quatre, l'un pour le cédant, l'autre pour le cessionnaire, un autre pour le procureur général et le quatrième pour le ministère de la justice. S'il est dans la forme authentique, à part la grosse du vendeur et une expédition pour l'acquéreur s'il la désire, il faut deux autres expéditions pour le ministère de la justice et pour le parquet du procureur général.

Le traité doit être écrit en termes très-concis ; il faut en exclure toute phrase banale, pour ne pas s'exposer à des rectifications.

Le procureur de la République fait souvent prêter serment aux deux parties sur la véracité du prix ; il est donc très-prudent d'éviter toute simulation.

Dans le cas de réduction, il est passé un traité rectificatif, et l'Enregistrement restitue les droits perçus sur la portion réduite. Il en est de même dans le cas où le traité ne serait pas suivi de nomination pour n'importe quelle cause ; c'est une exception à ce principe que l'Enregistrement met si souvent en avant : « Tout ce qui a été régulièrement perçu n'est pas sujet à restitution. »

Depuis la fin de l'année 1876, la Chancellerie veut *absolument* que le montant de la réduction soit imputée sur le dernier terme du prix et jamais sur l'argent comptant. Quand le traité rectificatif fait porter le montant de la réduction sur la partie du prix qui devait être payée comptant, la Chancellerie exige toujours une nouvelle rectification et souvent le serment et en plus une nouvelle réduction. Les réductions qui portent sur l'argent comptant sont pour la Chancellerie des réductions fictives.

On peut parfaitement insérer dans le traité une hypothèque ou un cautionnement.

Si la cession est consentie par un tuteur ou une mère tutrice, ce qui arrive assez souvent, elle doit agir dans le traité en vertu d'une délibération du conseil de famille l'autorisant à céder à tel prix. L'homologation de cette délibération n'est pas obligatoire.

DES PIÈCES A PRODUIRE.

Toutes les pièces produites doivent être écrites sur papier timbré.

Le candidat déposera au parquet du procureur de la République :

1° *Son acte de naissance.* — Cette pièce, signée par le maire de la commune où il est né ou le greffier du tribunal civil de l'arrondissement, doit être légalisée. Cet acte est destiné à prouver que le candidat a vingt-cinq ans passés.

2° *Un certificat de libération du service militaire.* — Autrefois il fallait justifier qu'on était entièrement libre de tout service militaire, aujourd'hui il suffira d'établir qu'on est libre de tout service actif. Cette pièce est délivrée par le préfet quand la cause de l'exemption provient d'une infirmité. Pour tous ceux qui tombent sous le coup de la loi de 1872, c'est l'autorité militaire qui délivrera un congé. Quant aux jeunes gens qui sont des classes antérieures à celle de 1872, ils sont soumis aux anciennes règles ; et par exemple s'ils se sont faits remplacer directement, ils doivent justifier de l'acceptation du remplaçant et de sa présence au corps pendant un an.

3° *Certificat de bonne vie et mœurs.* — On doit en produire un pour chaque commune où l'on a fait son stage. Ce certificat est délivré par le maire, excepté à Paris où il est dans les attributions du commissaire de police. MM. les maires ne font aucune difficulté pour la délivrance de ce certificat à quelque époque qu'on leur demande, à moins que le demandeur ne l'ait pas mérité ; il n'en est pas tout à fait ainsi dans la capitale. Si le jeune homme se présente lui-même assisté de deux témoins, on le lui donne aussitôt, et rien n'est plus facile que de l'obtenir ainsi ; quant au contraire le jeune homme qui a habité Paris est retourné dans sa province, MM. les commissaires refusent carrément le certificat en disant qu'il faut que le procureur de la République de l'arrondissement où se présente le candidat leur écrive, et qu'alors ils feront une enquête et délivreront la pièce s'il y a lieu. Je connais des jeunes notaires qui ont été forcés de venir à Paris pour faire cette demande en personne.

Je ne saurais donc trop recommander aux clercs de notaire qui habitent Paris de se procurer ce certificat avant de quitter la capitale. Cette pièce n'a d'ailleurs qu'un but, c'est d'éviter les lenteurs de l'enquête que ferait faire le parquet.

4° *Certificat constatant qu'il jouit de ses droits civils, civiques et politiques.* — Tout d'abord je vous dirai que je ne comprends pas pourquoi on accouple toujours ces trois expressions *civils, civiques* et *politiques.* Car tout individu qui jouit de ses droits politiques, jouit forcément de ses droits civils ; les droits civiques et politiques sont les mêmes aujourd'hui, ceux qui votent pour la commune (droits civiques) ont également le droit de voter pour les élections des députés (droits politiques) ; mais il faut bien te céder quelque chose, *ô sainte Routine !*

Il faut donc un certificat, un seul, constatant que le candidat jouit de ses droits politiques, et cette pièce est délivrée par le maire de la dernière commune où il a été porté sur la liste électorale.

5° *Extrait du casier judiciaire.* — Chaque homme en France a son casier judiciaire au greffe du tribunal civil de l'arrondissement où il est né. Quels que soient plus tard ses différents domiciles, ce casier ne change pas de place. Là donc, au greffe civil du lieu de sa naissance, on porte toutes les condamnations correctionnelles ou criminelles prononcées contre lui.

Cette pièce est délivrée par le greffier du tribunal civil et légalisée comme toutes les autres ; elle énonce habituellement que le candidat n'a encuru aucune condamnation ; elle pourrait cependant énoncer quelquefois le contraire, et ce ne serait pas précisément une raison pour ne pas être reçu notaire.

Les condamnations, emportant privation des droits politiques, empêchent naturellement d'arriver au notariat. Quant aux aux autres, le ministre est souverain juge et il décide suivant leur gravité. Le ministère voit toujours d'un mauvais œil les condamnations pour tapage, rébellion à la force publique, démonstrations politiques, atteinte à la morale ou à la probité.

Je ne saurais donc trop recommander aux clercs de notaire d'avoir une coduite exemplaire, car la moindre infraction, qui pour un autre ne serait peut-être qu'une peccadille, est pour eux un obstacle insurmontable qui vient rompre leur carrière.

6• *Pièces justificatives du stage.* — C'est-à-dire les différents certificats de stage des notaires chez lesquels on a travaillé, et les extraits des inscriptions faites au secrétariat de la chambre des notaires conformément à l'ordonnance de 1843.

Nous ferons remarquer ici que la loi exigeant généralement que le candidat ait été premier clerc pendant une des deux derniéres années, ne demande pas que cette année-là soit sans interruption. L'année de premier clerc peut donc se composer de plusieurs tronçons, pourvu qu'ils s'appliquent tous aux vingt-quatre derniers mois et qu'ensemblè ils forment un total de douze mois.

7° *Certificat de capacité et de moralité.* — C'est à la chambre des notaires de l'arrondissement où se trouve l'étude cédée qu'il appartient de délivrer ce certificat.

Les chambres des notaires font habituellement une enquête sur le passé du postulant, elles s'entourent de tous les renseignements qu'elles croient utiles, elles examinent toutes les pièces dont nous venons de parler, et enfin elles lui font subir un examen, puis elles délivrent ou refusent ce certificat.

En pareille circonstance, il est des chambres qui se préoccupent beaucoup de la position de fortune, et je n'ose les en blâmer. C'est peut-être un excellent moyen pour éviter une catastrophe. Cependant je ne les approuve que jusqu'à un certain point, car il en est quelquefois qui vont trop loin.

8ᵉ *Démission du titulaire.* — C'est une pièce dans laquelle le cédant déclare donner sa démission et présente au chef du pouvoir, pour son successeur, le cessionnaire.

Quand le titulaire est décédé, ce sont ses héritiers qui signent la présentation.

9° *Supplique du candidat.* — Cette pièce est la supplique par laquelle le candidat prie le chef du pouvoir de vouloir bien le nommer notaire à la résidence de...

10° *Certificat de non-parenté avec les membres du tribunal civil de l'arrondissement et leurs suppléants, ni avec les juges de paix et leurs suppléants.* — Cette pièce n'est point demandée partout, cela dépend des idées du procureur général, ce n'est donc que dans certaines cours seulement qu'on l'exige. Je ne comprends pas son utilité, car la parenté avec un juge n'est pas un motif de refus comme notaire. Mais si vous traitez dans une de ces cours où le procureur émet cette exigence, n'oubliez pas en certifiant que vous n'êtes pas parent, de certifier également que vous n'êtes pas allié, sinon vous auriez un retour de votre dossier pour rectifier cette pièce (j'en sais quelque chose).

11° *État des produits de l'office pendant les cinq dernières années.* — Il doit être fait sur le modèle que je donne à la fin de ce chapitre. Pour les quatre dernières catégories d'actes (inventaires, testaments, actes divers et brevets), le capital ne saurait être demandé, par conséquent il est inutile de remplir la dernière case de chaque année.

Comme honoraires, Il faut porter sur le tableau aussi bien les droits d'expédition et les voyages que les droits de minute.

12° *L'état des recouvrements.* — Cette pièce n'est demandée que depuis 1876. Cet état se fait sur quatre colonnes qui portent pour titre : Numéros dus. — Nature des actes. — Honoraires. — Enregistrement. — Malgré le détail que semble demander ces en-tête, il est d'habitude de ne porter qu'un seul chiffre pour chaque année antérieure aux cinq dernières années. Cet état doit comprendre tout l'exercice du cédant.

13° *Expéditions du traité.* — Dans plusieurs cours d'appel on demande deux expéditions dont l'une suit le dossier jusqu'au ministère et l'autre reste déposée au parquet du procureur général.

Le candidat doit surtout veiller avec le plus grand soin à ce que ses noms et prénoms soient partout écrits de la même manière ; et que toutes ses pièces, sans aucune exception, soient légalisées.

CHAPITRE VIII.

Dispense de stage. — Dispense d'âge. — Refus par la Chambre de délivrer un certificat de moralité et de capacité.

Les dispenses de stage sont accordées bien rarement, il ne faut pas croire dans tous les cas qu'il suffît d'avoir été maire ou adjoint pour les obtenir. Le ministère se montre au contraire très-difficile sur ce point-là. Les personnes qui ont rempli les fonctions de juge, procureur de la République, substitut, avoué, avocat, greffier du tribunal civil et receveur de l'enregistrement sont à peu près les seules à profiter quelquefois de ces dispenses.

Quant aux dispenses d'âge, il ne faut pas en espérer : le ministère n'en accorde jamais. Bien souvent, des fils pour succéder à leur père décédé ont demandé des dispenses de quelques mois, ils ont toujours été refusés. Mais la Chancellerie, qui ne veut pas absolument accorder des dispenses d'âge, ne s'oppose pas à ce que le candidat traite quelques mois avant ses vingt-cinq ans, et passe ensuite son examen. Il suffît dès lors que le candidat ait atteint son âge quand ses pièces arrivent au ministère.

La chambre des notaires est parfaitement libre de faire subir l'examen quelques mois avant les vingt-cinq ans.

La délibération que prend la chambre de discipline des notaires de l'arrondissement quand elle délivre ou refuse le certificat de moralité et de capacité, n'est qu'un avis qui ne lie pas le ministre ; ce dernier reste maître absolu après comme avant d'accepter ou de refuser le candidat. Il est cependant bon de reconnaître que l'avis de la chambre est pris par la Chancellerie en très-sérieuse considération.

Bien peu de candidats d'ailleurs après avoir été rejetés par la chambre oseraient aller plus loin. Si cependant ils étaient convaincus que la décision de la chambre ait été influencée par un certain esprit de parti, par une cause quelconque étrangère à la justice, lis pourraient en parler au procureur de la République, et poursuivre quand même leur nomination ; et ce ne serait pas la première fois que la Chancellerie admettrait l'homme que la chambre aurait refusé.

Dans une question si délicate, le souverain juge est toujours le procureur de la République, qui est chargé d'examiner à nouveau le candidat, de voir son dossier et de faire une enquête sur sa vie passée. Les personnes qui, en pareilles circonstances, comptent sur des amis à Paris, ont grand tort.

COMPTABILITÉ NOTARIALE

(SYSTÈME GANTHIER)

EXPLICATIONS GÉNÉRALES

Tous les registres sont solidement reliés, cartonnés et recouverts en toile pleine.

Ils sont réglés verticalement et horizontalement avec le plus grand soin.

Les deux registres de comptes courants sont foliotés. Pour les autres ce travail était inutile, puisque tout s'y inscrit par date.

Les frais de factage et d'emballage sont à la charge de l'expéditeur ; l'acquéreur n'a à supporter que les frais de port.

On expédie jamais contre remboursement, ce mode de transport étant trop coûteux.

Toute acquisition de moins de 20 fr. doit autant que possible être payée comptant.

Pour toute acquisition au-dessus de 20 fr., l'acquéreur a le choix, soit de payer comptant, soit de payer sur traite présentée sans frais à son domicile, à la fin du mois qui suit celui de l'expédition.

Les demandes doivent être adressées directement à M. Ganthier, 10, rue Monsieur-le-Prince, Paris, les prix tout à fait réduits de chaque registre ne permettant pas de faire de remise aux intermédiaires.

Livre-Journal.

Aussitôt qu'un acte est fini, on l'inscrit sur ce registre, qui peut ainsi servir de guide pour le répertoire. On y porte en même temps les recettes, les déboursés ; dans certains cas même, les honoraires et l'énonciation des formalités exceptionnelles à remplir.

Plus tard, quand cet acte sera enregistré et sera même revenu des hypothèques, on complétera le détail des frais, en séparant les honoraires des déboursés ; puis, au moyen d'une accolade tirée à la main, on fait le total général des frais.

Par l'énonciation de chaque acte, ce registre devient un guide sûr pour monter le Répertoire ; et par le détail des frais, il devient la base du Grand-Livre.

Les initiales L. M. J. ou *lmj*, que plusieurs notaires emploient, signifient *le même jour*.

Grand-Livre.

Quand on a le temps, on monte le Grand-Livre qui renferme le résumé du Livre-Journal. Les différentes colonnes de ce Grand-Livre permettent de savoir à première vue le montant des déboursés, le montant des honoraires, le montant des à-comptes, et de voir le rapport qui existe entre ces trois chiffres si importants.

Au Grand-Livre, comme au Journal, on fait les comptes par mois.

Quand un client demande son acte, c'est au Grand-Livre qu'on se reporte, et si ce client désire connaître le détail des frais, on remonte au Journal.

Il en est qui ne portent au Grand-Livre que les actes dus, et qui, à la fin de chaque mois, résument en une seule cote tous les actes payés ; dans ce cas, il est bon de citer la date des actes payés, afin qu'on puisse au besoin se reporter au Journal et vérifier.

Livre-Caisse.

Les recettes que fait un notaire sont de deux espèces : celles de l'étude et les dépôts. En mélangeant ces recettes, on arrive forcément à ne plus connaître le chiffre des dépôts, ce qui est un grand danger. Un notaire doit toujours connaître exactement le taux des sommes dont il est dépositaire, s'il veut éviter des désagréments et même quelquefois une catastrophe.

Plusieurs notaires ont deux registres : l'un pour le mouvement de fonds de l'étude, et l'autre pour celui des dépôts.

Il me semble qu'il serait facile de réunir toutes les rentrées et toutes les sorties de fonds sur un seul registre, en adoptant le modèle ci-contre.

La première colonne à gauche est destinée à recevoir les émargements indiquant que la somme a été portée au compte particulier du client, quand il en a un.

Livre des comptes courants.

Pour les clients qui ont un mouvement de fonds assez important à l'étude, ce registre est indispensable pour pouvoir grouper ensemble toutes les recettes, tous les déboursés et tous les frais d'actes concernant ce client.

Les comptes courants sont plus ou moins longs, plus ou moins nombreux, selon l'importance des études ; aussi, pour que chacun puisse trouver le registre qu'il désire, nous avons adopté deux formats différents.

Livre d'enregistrement.

C'est un registre à souche, et le modèle en fait tout de suite saisir l'utilité.

Sur le talon, on inscrit les actes ; puis on portera les droits quand ils auront été perçus.

Sur la portion qui se détache, on inscrit les actes, et, de plus, sur la première colonne, les droits présumés, et M. le receveur remplira lui-même la deuxième colonne.

En tête de la souche et du coupon, on met aussi la date du dépôt, le nombre d'actes et la somme déposée.

Avec ce système, aucune erreur n'est possible ; les forcéments et les restitutions seront même moins fréquents, car si le receveur est en désaccord avec le notaire, il y regardera à deux fois avant de faire sa perception.

Livre d'hypothèques.

Le modèle que je donne me paraît complet. Rien n'a été oublié, rien n'a été mis de trop.

Date des dépôts, date des actes, dénomination des actes, droits perçus, date des formalités, volumes et numéros des inscriptions et transcriptions, époque où le renouvellement devient nécessaire et date des radiations.

Table des débiteurs.

Quand on a un grand nombre de clients, ét même, dans une petite étude, quand on a un assez long exercice, ou quand la mémoire vous fait un peu défaut, il faut absolument, pour ne pas perdre son temps en recherches longues et pénibles, il faut, dis-je, absolument avoir une *Table* ou *Répertoire*. Là, par ordre alphabétique, on retrouve ses débiteurs.

Il est bon de ne pas porter tous les noms qui commencent par la même lettre, immédiatement à la suite les uns des autres. Il vaut mieux, après un nom propre, laisser quelques lignes en blanc pour inscrire les personnes qui portent le même nom.

On fait bien aussi quand on monte cette table, d'y placer les noms propres qui commencent par la même lettre, dans l'ordre alphabétique que comporte les autres lettres de ces noms.

Table générale des actes.

On a souvent besoin de rechercher de vieilles minutes, et pour les guider dans ce travail presque de
hasard, la plupart des notaires n'ont que le Répertoire. Que d'heures nous avons tous perdues, et souvent inutilement, à feuilleter ces vieux manuscrits !
Certains notaires ont de petits cartons qui, entre
autres inconvènients, ont celui de se perdre trop facilement. La table est le plus vieux système et en
même temps le meilleur. Mais comment la monter? Y
porter tous les noms est un travail énorme qu'il me
paraît possible de simplifier.

Je ne porterais point sur ma table les brevets, et
les minutes n'y figureraient que sous un seul nom.
Mais quel nom fallait-il choisir, le vendeur ou l'acquéreur? Généralement, quand on vient vous demander
un acte ancien, on sait le nom des deux contractants,
on pourrait donc faire les recherches aussi bien à l'un
qu'à l'autre. Il est cependant deux cas où l'inexacitude
peut régner : c'est d'abord quand vous avez besoin de
savoir les ventes de propres qu'un époux a pu faire,
et ensuite quand vous ayez besoin de connaître les
prêts faits par un créancier prédécédé. J'ai donc
pensé qu'il fallait monter cette table sous le nom du
vendeur, et sous le nom du créancier.

Pour tous les contrats où il n'y a ni aliénation ni
obligation, il convient de mettre en tête du registre
une légende explicative indiquant sous quels noms ils
seront portés.

Dates	Mois de ________________ 187__	Recettes
	Enreg^t ________ Honoraires ________	
	Timbre ________ Rôles ________	
	Hypoth. ________ Répertoire ________	
	Enreg^t ________ Honoraires ________	
	Timbre ________ Rôles ________	

LIVRE-JOURNAL

—

Dimension : 40 centimètres de hauteur sur 27 de largeur.

Contenance : 300 pages de 6 cases chacune.

Prix : 12 fr.

Mois d_____________187__

N.° des Registre	Annulation	Noms et Demeures des Débiteurs.	Déboursés	Honoraires	Déboursés et Honoraires	Recettes :		
						Dates	A Compte	Totaux
		Reports.....						

GRAND - LIVRE

—

Dimension : 46 centimètres de hauteur sur 30 de largeur.

Contenance : 300 pages de 13 cases chacune.

Prix : 15 fr.

Emargt	Dates	Mois de ___________________ 187__	Caisse.		Dépôts	
			Recettes	Paiements	Entrée	Sortie
		Reports..........				

LIVRE CAISSE

—

Dimension : 21 centimètres de hauteur sur 26 de largeur.

Contenance : 200 pages.

Prix : 7 fr,

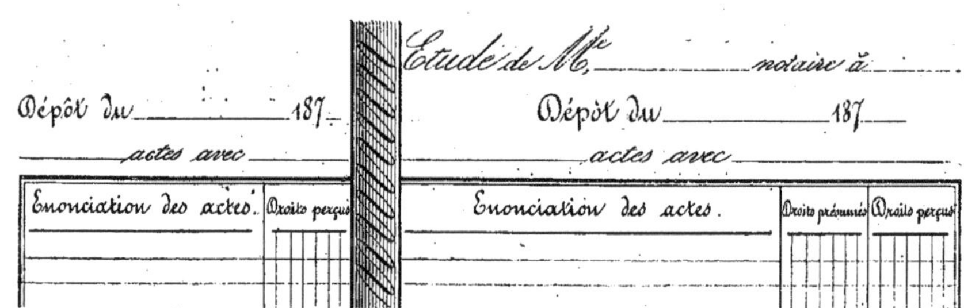

LIVRE D'ENREGISTREMENT

—

Dimension : 22 centimètres de hauteur sur 33 de largeur.

Contenance : 150 feuilles.

Prix : 8 fr.

Dates		Bureau	Enonciation des Actes.	Droits perçus	Dates des formalités	Transcrit		Inscrit		Date des Radiations
du Dépôt	des Actes					Vol.	N°.	Vol.	N°.	
			Report......							

LIVRE DES HYPOTHÈQUES

—

Dimension : 23 centimètres de hauteur sur 33 de largeur.

Contenance : 200 pages.

Prix : 8 fr.

Dates.	Explication de la Recette ou du Paiement.	Doit	Avoir

LIVRE DES COMPTES-COURANTS

Dimension : 40 centimètres de hauteur sur 26 de largeur
Contenance : 300 pages foliotées.
Prix : 13 fr.

<table>
<tr><td colspan="3" align="center">*Débiteurs.*</td><td rowspan="2" align="center">*Numéros dus.*</td><td></td></tr>
<tr><td>*Nom*</td><td>*Prénoms*</td><td>*Domicile.*</td><td></td></tr>
<tr><td></td><td></td><td></td><td></td><td>A</td></tr>
<tr><td></td><td></td><td></td><td></td><td>B</td></tr>
<tr><td></td><td></td><td></td><td></td><td>C</td></tr>
<tr><td></td><td></td><td></td><td></td><td>D</td></tr>
</table>

TABLE DES DÉBITEURS

Dimension : 40 centimètres de hauteur sur 27 de largeur.

Contenance : 200 pages répertoriées.

Prix : 10 fr.

Anciens Propriétaires et Créanciers			Nouveaux Prop^res et Déb^rs	Nature des Actes	Date des Actes
Noms et Prénoms	Époux ou Profession	Domicile	Noms et Prénoms		
					A
					B
					C
					D

TABLE GÉNÉRALE DES ACTES

—

Dimension : 46 centimètres de hauteur sur 30 de largeur.

Contenance : 400 pages.

Prix : 22 fr.

ÉCOLE DE NOTARIAT

DE PARIS

Fondée par décision de S. Exc. M. le Ministre de l'Instruction publique,
du 21 juin 1865

Directeur : L. GANTHIER, ancien Notaire
10, Rue Monsieur-le-Prince

OUVERTURE DU 5 AU 10 NOVEMBRE

DURÉE DES COURS.

Les cours ne durent que neuf mois. Jusqu'au 1er avril, les séances ont lieu tous les jours, de huit heures et demie à dix heures et demie du matin (dimanches et jeudis exceptés). A partir du 1er avril, les séances ont lieu même le jeudi.

ENSEIGNEMENT.

1o Les lois organiques du notariat ;
2o Le Code civil et tous les contrats qui en découlent ;
3o Une partie des Codes de commerce et de procédure civile ;
4o L'enregistrement et les hypothèques.

DISTRIBUTION DES SÉANCES.

1o Lecture et correction des contrats que les élèves ont faits à domicile ;
2o Exposé des droits d'enregistrement et d'hypothèques dont ils seraient passibles ;
3o Cours oral pendant 70 à 80 minutes ;
4o Exposé de la nature et des conditions du contrat à faire pour le lendemain. Ce contrat est toujours choisi sur les matières traitées dans le cours oral.)

PRIX.

Le prix de l'année scolaire est de 400 francs, payables moitié en entrant et moitié le 1er avril suivant. Les élèves qui rentrent dans le courant de l'année ne

paient qu'au prorata, soit 40 francs par mois avant le
1er avril et 50 francs par mois après.

UTILITÉ.

Un cours de notariat est d'une utilité incontestable
pour apprendre et bien saisir la corrélation intime qui
unit la théorie à la pratique.

Tout art, toute science a besoin d'explications pour
en faciliter l'intelligence; tout ce qu'un livre peut contenir, un professeur peut l'enseigner et le commenter;
et dans tout enseignement la parole l'a toujours em-
porté de beaucoup sur l'écriture.

Au besoin, le professeur reprend sa thèse sous une
autre forme pour que l'élève saisisse mieux; il explique avec plus de soin les points qui paraissent plus
obscurs, il répond aux questions qui lui sont posées;
d'un mot il éclaircit bien des doutes, simplifie bien
des questions; tandis que le livre, cet auxiliaire im-
passible, vous laisse rêver et chercher, et vous présente toujours le même fait sous le même jour.

SOMMAIRE

DES TRAVAUX DE L'ÉCOLE DE NOTARIAT DE PARIS
DE L'OUVERTURE AU 15 FÉVRIER

Du 8 au 20 Novembre.

THÉORIE : Loi du 25 ventôse an XI.
Loi du 21 juin 1843·
Loi du 22 frimaire an VII.
Art. 839 à 858 du Code de procédure civile.

PRATIQUE : Protocole des contrats et procès-verbaux,
fin des contrats et procès-verbaux.
Mention des divers extraits, grosses et
expéditions.
Copies collationnées.
Procès-verbal de délivrance de seconde
grosse.

Consentement amiable à délivrance d'une seconde grosse.

Du 22 Novembre au 3 Janvier.

THÉORIE : Des obligations (art. 1101 à 1386, C. civ.).
Des hypothèques au point de vue de l'inscription (art. 2091 à 2180, C. civ. — Loi du 23 mars 1855).

PRATIQUE : Billet à ordre avec et sans hypothèque, traite et endos.
Obligation en brevet avec et sans hypothèque.
Dépôt d'obligation en brevet.
Quatre obligations hypothécaires, par un seul débiteur, par deux débiteurs solidaires, avec subrogation dans l'hypothèque légale de la femme, avec subrogation dans l'assurance.
Obligation avec cautionnement.
Obligation avec nantissement d'une créance et de meubles corporels.
Ouverture de crédit.
Six bordereaux d'inscription.
Prorogation de délai.
Cession avec garantie hypothécaire.
Cession avec cautionnement.
Tenu-pour-signifié.
Quittance simple.
Quittance avec mainlevée.
Mainlevée.
Quittance subrogative.
Procès-verbal d'offres.
Permutation d'hypothèque.
Cession de biens (art. 1268, C. civ.).
Traité après accident (quasi-délit).

Du 4 Janvier au 16 Février.

THÉORIE : Du mariage et du contrat de mariage (art. 144 à 179, — 1387 à 1581, C. civ.).

PRATIQUE : Acte respectueux.
Notification d'acte respectueux.
Contrat sous le régime de la communauté légale.
Contre-lettre.
Contrat avec apports et donations.
Contrat avec communauté d'acquêts.
Contrat avec exclusion de partie du mobilier de la communauté.
Contrat avec clauses de franc et quitte, ameublissement et préciput.
Contrat avec exclusion de communauté.
Contrat sous le régime de la séparation de biens.
Deux contrats sous le régime dotal.
Liquidation de reprises à l'amiable après séparation de corps.
Procès-verbal d'ouverture de liquidation de reprises, après séparation de biens.
Deux états de liquidation de reprises.
Procès-verbal de difficultés.
Procès-verbal de clôture.
Reconstitution de communauté.
Etc., etc.; etc.

PETIT TRAITÉ DE LA PURGE

DES

HYPOTHÈQUES LÉGALES

> Les Notaires doivent faire eux-mêmes
> la purge des hypothèques légales, et ne
> jamais la confier aux avoués.
>
> L. G.

PAR

M. L. GANTHIER

Directeur de l'École de Notariat de Paris

2ᵉ ÉDITION.

PRIX : **50** CENT. (*franco par la poste*)

PARIS

10, RUE MONSIEUR-LE-PRINCE.

1878

CESSIONS D'OFFICES

Mes rapports fréquents avec le notariat m'ont amené à m'occuper de cessions d'offices; et je sais la prudence et la discrétion qu'il faut apporter à ce genre d'opérations.

Mon intermédiaire est toujours gratuit pour les cédants, tandis que je prends une commission de 1 p. % aux acquéreurs. Cette somme n'est payable qu'après la prestation du serment.

J'ai toujours en main un certain nombre d'études et de candidats, ce qui me permet de donner satisfaction immédiate à la plupart des demandes ou des propositions qui me sont faites; mais quand je n'ai pas l'étude que l'on désire ou le candidat que l'on préférerait *je cherche activement et je trouve....*

L. GANTHIER.

657   Orléans. — Imp. CHÉRIÉ, rue de la Hallebarde, 19.

www.ingramcontent.com/pod-product-compliance
Ingram Content Group UK Ltd.
Pitfield, Milton Keynes, MK11 3LW, UK
UKHW021001220726
13924UKWH00002B/829